Merci d'avoir acheté ce livre de coloriage.

**Si vous l'avez apprécié, laissez nous
un commentaire sur Amazon.
Nous vous serons très reconnaissants !**

Si vous n'êtes pas satisfait, alors envoyez nous
vos remarques et suggestions à l'e-mail :
demorin.art@gmail.com

Merci de nous envoyer vos œuvres
par mail à :
demorin.art@gmail.com
Ou bien par un message direct
sur Facebook ou Instagram: **@demorinart**

Les meilleurs travaux seront publiés
sur nos comptes officiels de
Facebook et Instagram:
D.E MORIN Art
@demorinart

Libérez votre imagination et
votre créativité!

La page de prévisualisation :

100 FLEURS
faciles à
colorier
Livre de Coloriage
Pour Adultes

one
fine
day

Dear
happy day

for you

UN GRAND MERCI
car vous donnez plus de vie
à nos LIVRES DE COLORIAGE

C'est la raison pour laquelle
nous avons un CADEAU POUR VOUS!

Pour le recevoir, utilisez la caméra de votre
téléphone afin de SCANTER le QR CODE
CI-DESSOUS

Bon coloriage!